AF219203

Impressum

Verlag: BABADADA GmbH, Nedderfeld 112 , 22529 Hamburg

Geschäftsführer / Verlagsleitung: Harald Hof

Druck: Books on Demand GmbH, In de Tarpen 42, 22848 Norderstedt

Imprint

Publisher: BABADADA GmbH, Nedderfeld 112 , 22529 Hamburg, Germany

Managing Director / Publishing direction: Harald Hof

Print: Books on Demand GmbH, In de Tarpen 42, 22848 Norderstedt, Germany

# школа

# 学校

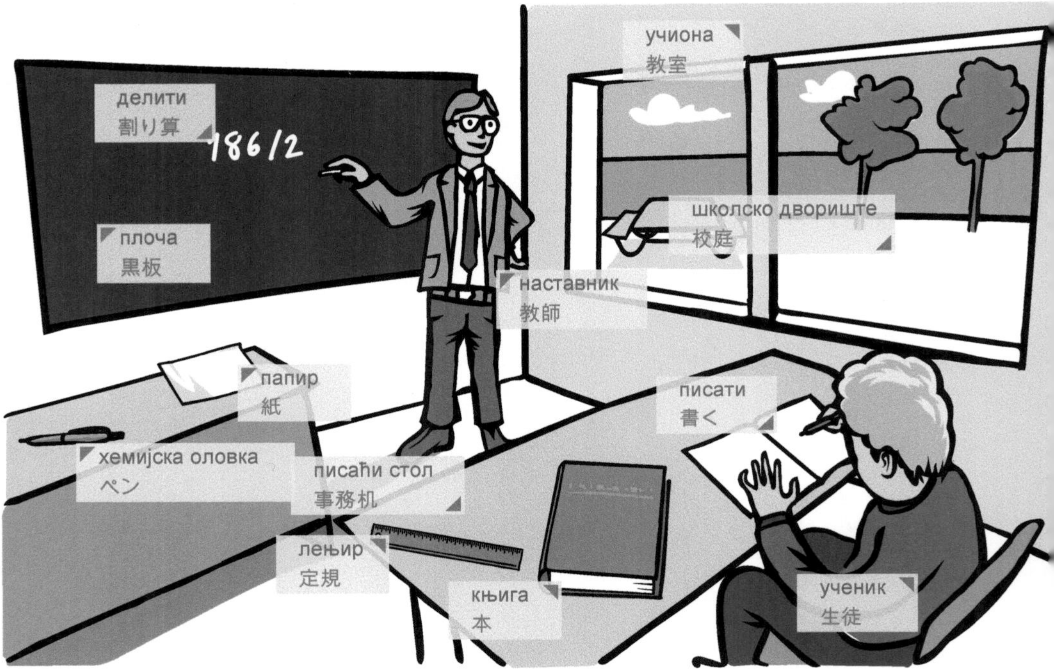

учиона
教室
делити
割り算
186/2
плоча
黒板
школско двориште
校庭
наставник
教師
папир
紙
писати
書く
хемијска оловка
ペン
писаћи сто
事務机
лењир
定規
књига
本
ученик
生徒


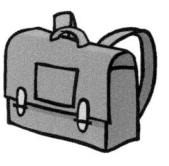

торба

ランドセル

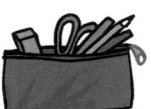

перница

筆入れ

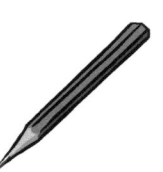

графитна оловка

鉛筆

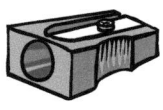

шиљило за оловке

鉛筆削り

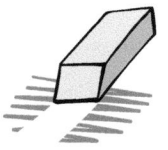

гумица за брисање

消しゴム

блок за цртање

スケッチブック

цртеж

スケッチ

кист

絵筆

кутија са бојама

絵の具箱

маказе

はさみ

лепило

接着剤

бележница

練習帳

домаћи задатак

宿題

број

数

сабирати

足し算

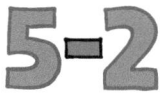

одузимати

引き算

множити

かけ算

рачунати

計算する

слово

文字

абецеда

アルファベット

реч

単語

текст
............
テキスト

читати
............
読む

креда
............
チョーク

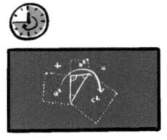

час
............
授業

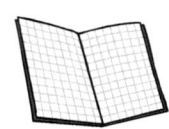

дневник
............
学級日誌

испит
............
試験

сведочанство
............
通知表

школска униформа
............
制服

образовање
............
教育

лексикон
............
百科事典

универзитет
............
大学

микроскоп
............
顕微鏡

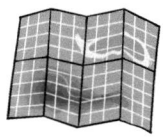

карта
............
地図

кошара за папир
............
ごみ箱

# путовање

## 旅行

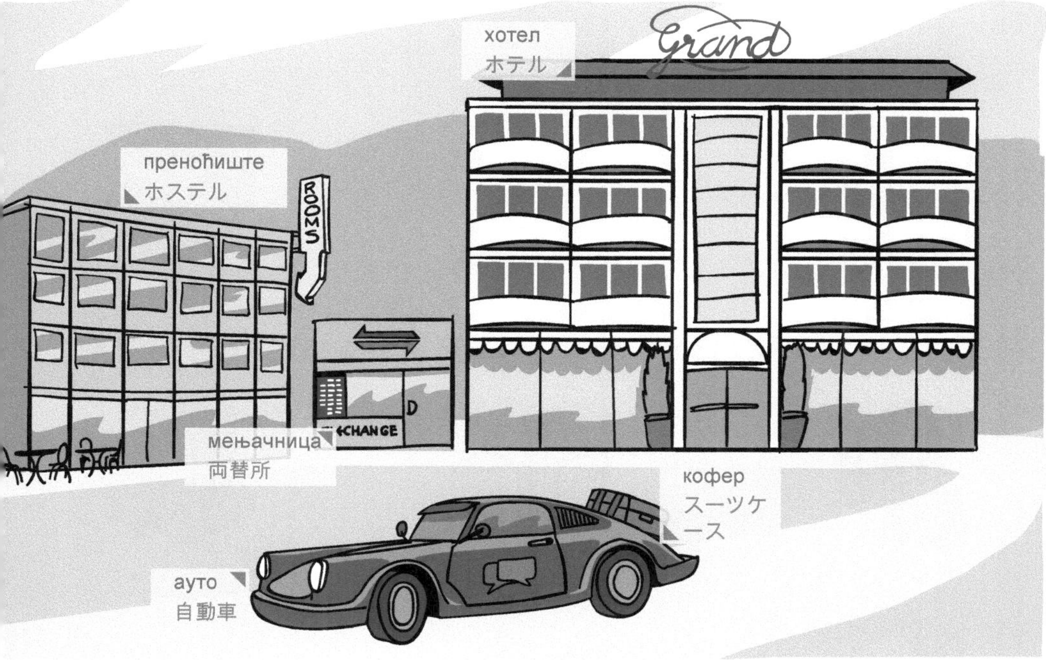
хотел
ホテル
Grand
преноћиште
ホステル
ROOMS
мењачница
両替所
EXCHANGE
кофер
スーツケ
ース
ауто
自動車

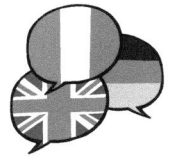

језик

言語

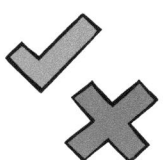

да / не

はい / いいえ

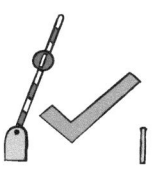

океј

問題ない

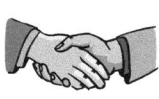

здраво

ハロー

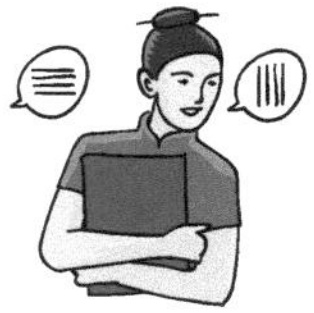

преводилац

翻訳者

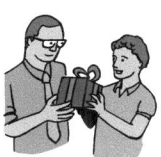

хвала

ありがとう

Колико кошта...?

...はいくらですか？

не разумем

わかりません

проблем

問題

добро вече!

こんばんは！

Добро јутро!

おはようございます！

Лаку ноћ!

おやすみなさい！

довиђења

さようなら

смер

方向

пртљага

手荷物

торба

バッグ

руксак

リュックサック

гост

お客様

соба

部屋

врећа за спавање

寝袋

шатор

テント

туристичке информације

旅行者情報

плажа

ビーチ

кредитна картица

クレジットカード

доручак

朝食

ручак

昼食

вечера

夕食

карта за вожњу

チケット

лифт

エレベーター

поштанска маркица

スタンプ

граница

境界

царина

税関

амбасада

大使館

виза

ビザ

пасош

パスポート

# транспорт
## 輸送

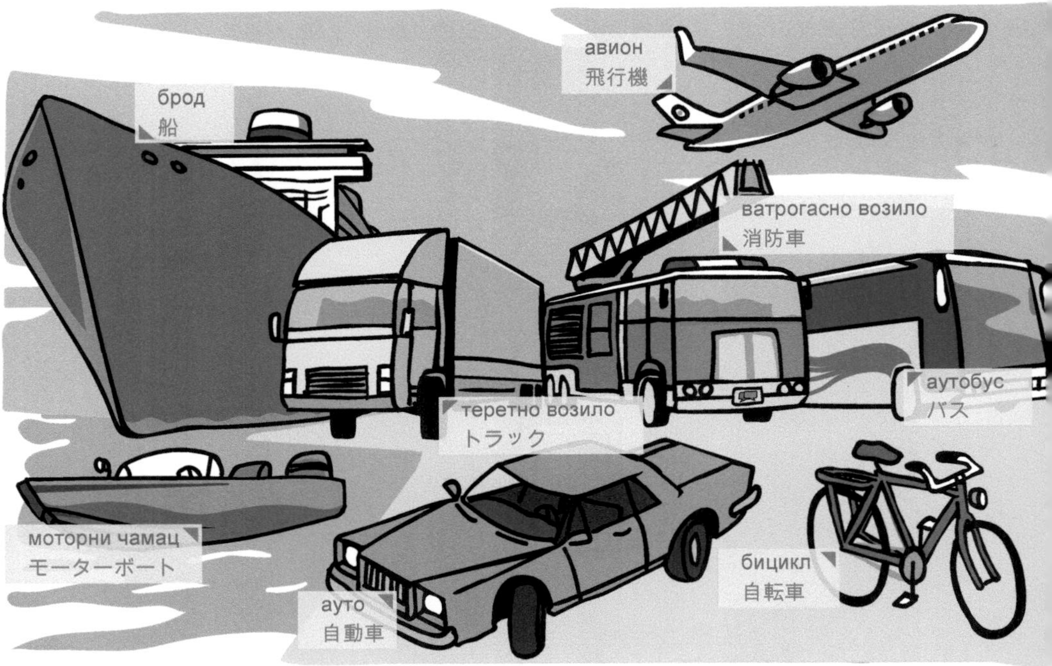

авион
飛行機
брод
船
ватрогасно возило
消防車
аутобус
バス
теретно возило
トラック
моторни чамац
モーターボート
бицикл
自転車
ауто
自動車


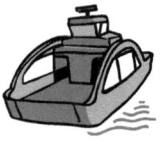

трајект
フェリー

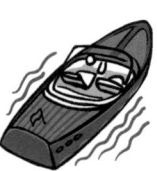

чамац
ボート

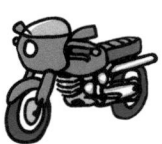

мотоцикл
バイク

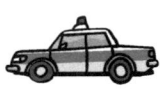

полицијски ауто
パトカー

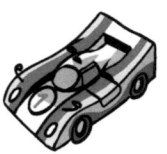

тркаћи ауто
レーシングカー

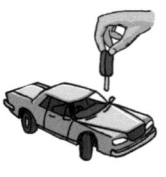

изнајмљено ауто
レンタカー

делење аутомобила

カーシェアリング

вучно возило

レッカー車

возило за одвоз смећа

ごみ収集車

мотор

モーター

бензин

燃料

бензинска станица

ガソリンスタンド

саобраћајни знак

交通標識

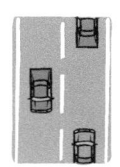

саобраћај

交通

застој

渋滞

паркиралиште

駐車場

железничка станица

駅

шине

道

воз

列車

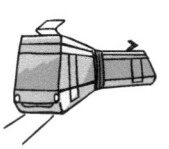

трамвај

路面電車

вагон

車両

транспорт - 輸送

хеликоптер

ヘリコプター

аеродром

空港

кула

タワー

путник

乗客

контејнер

コンテナ

картон

段ボール箱

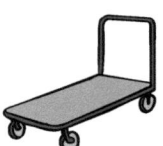

колица

カート

корпа

カゴ

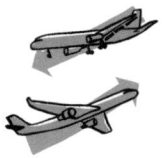

узлетети / слетети

離陸 / 着陸

## град

## 都市

село

村

центар града

都心

кућа

家

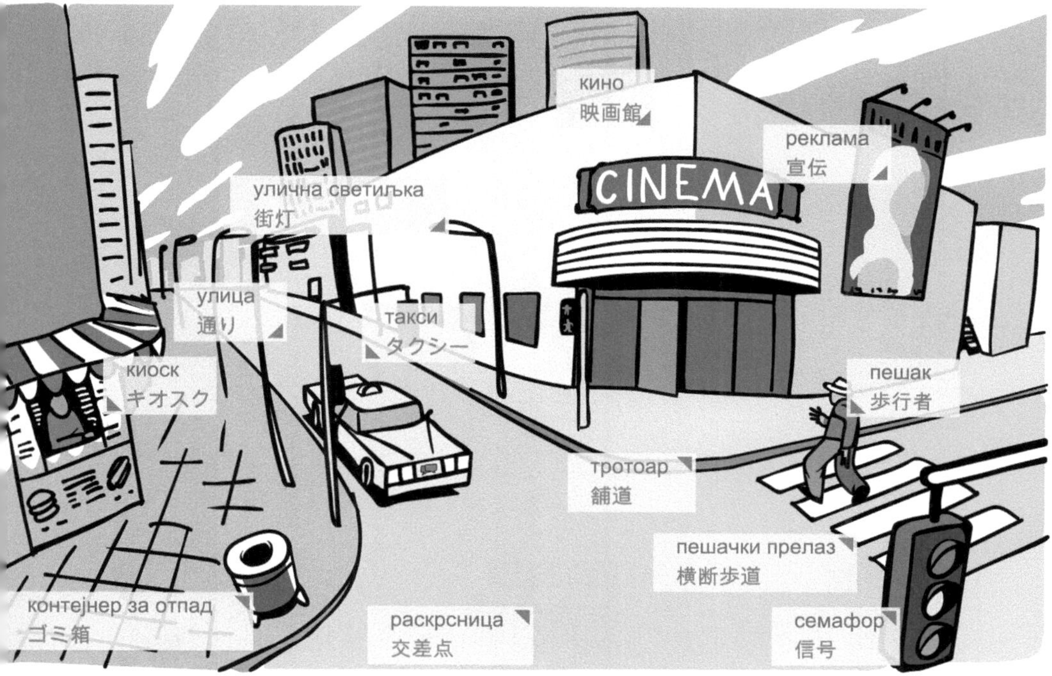

кино
映画館
CINEMA
реклама
宣伝
улична светиљка
街灯
улица
通り
такси
タクシー
киоск
キオスク
пешак
歩行者
тротоар
舗道
пешачки прелаз
横断歩道
контејнер за отпад
ゴミ箱
раскрсница
交差点
семафор
信号

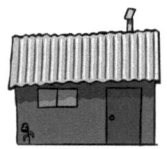

колиба
小屋

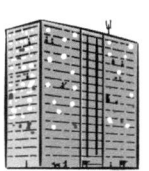

стан
アパート

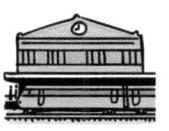

железничка станица
駅

већница
市役所

MUSEUM
музеј
美術館

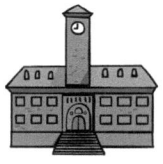

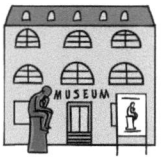

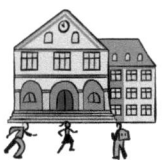

школа
学校

универзитет

大学

банка

銀行

болница

病院

хотел

ホテル

апотека

薬局

канцеларија

オフィス

књижара

書店

продавница

ショップ

цвећара

花屋

супермаркет

スーパーマーケット

трг

市場

робна кућа

デパート

рибарница

魚屋

трговачки центар

ショッピングセンター

лука

港

парк

公園

клупа

ベンチ

мост

橋

степенице

階段

подземна железница

地下鉄

тунел

トンネル

аутобуска станица

バス停

бар

バー

ресторан

レストラン

поштанско сандуче

ポスト

улични знак

道路標識

паркирни аутомат

パーキングメーター

зоолошки врт

動物園

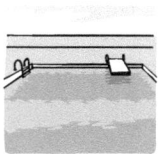

базен

スイミングプール

џамија

モスク

сеоско газдинство

農場

загађење околине

汚染

гробље

墓地

црква

教会

игралиште

遊び場

храм

寺

## пејсаж
## 風景

лист
葉

путоказ
道標

пут
道

ливада
草地

камен
石

дрво
木

шетач
ハイカー

река
川

трава
草

цвет
花

долина

谷

планина

山

језеро

湖

шума

森

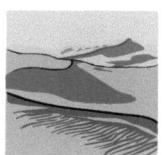

пустиња

砂漠

вулкан

火山

дворац

城

дуга

虹

гљива

キノコ

палма

ヤシの木

москито

蚊

мува

ハエ

мрав

蟻

пчела

ミツバチ

паук

クモ

буба

カブトムシ

жаба

蛙

веверица

リス

јеж

ハリネズミ

зец

ウサギ

сова

フクロウ

птица

鳥

лабуд

白鳥

дивља свиња

雄豚

јелен

鹿

лос

ヘラジカ

насип

ダム

ветрењача

風力タービン

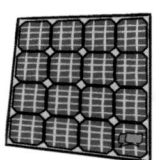

соларна плоча

ソーラーパネル

клима

気候

# ресторан
# レストラン

конобар
ウェイター
јеловник
メニュー
столица
椅子
супа
スープ
пица
ピザ
прибор за јело
刃物類
стољњак
テーブルクロス


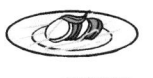

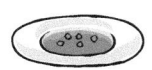

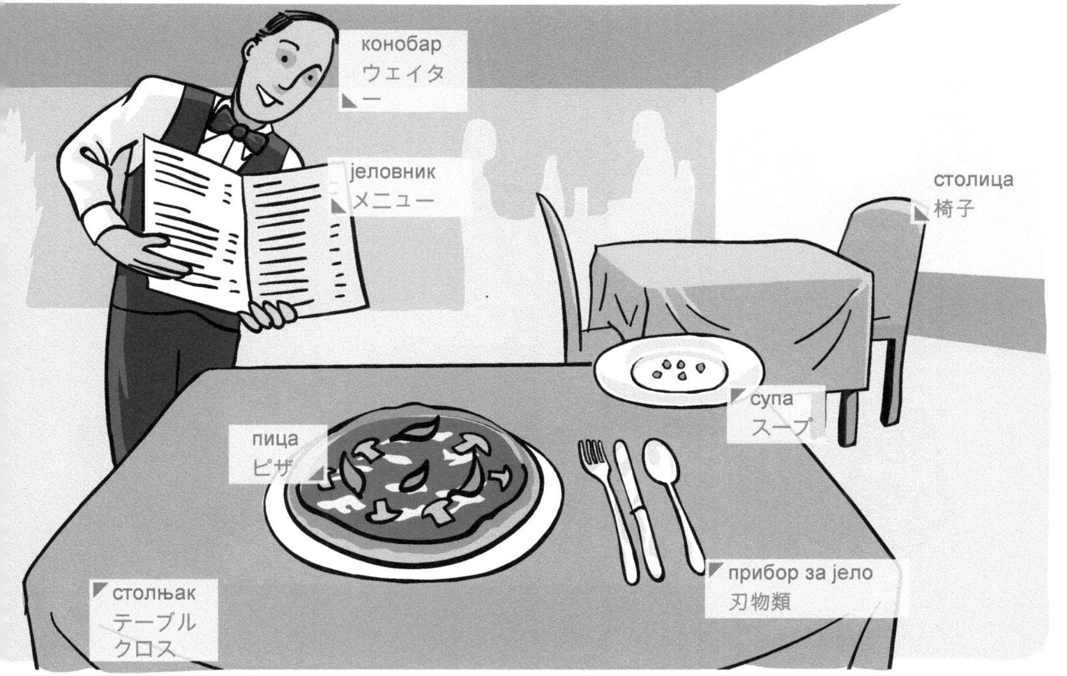

предјело

前菜

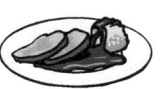

главно јело

メインコース

десерт

デザート

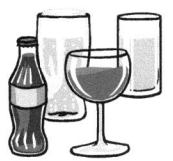

напитци

飲み物

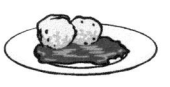

јело

食べ物

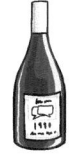

флаша

ボトル

брза храна

ファストフード

имбис храна

屋台の食べ物

чајник

ティーポット

доза за шећер

砂糖入れ

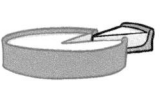

порција

一人前

апарат за еспресо

エスプレッソマシン

висока столица

幼児用食事椅子

рачун

請求書

послужавник

トレー

нож

ナイフ

виљушка

フォーク

кашика

スプーン

чајна кашика

ティースプーン

салвета

ナプキン

чаша

グラス

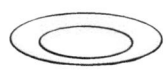

тањир

皿

тањир за супу

スープ皿

тањирић

受け皿

сос

ソース

сољенка

塩入れ

млин за бибер

ペッパーミル

сирће

酢

уље

油

зачини

スパイス

кечап

ケチャップ

сенф

マスタード

мајонеза

マヨネーズ

# супермаркет
# スーパーマーケット

понуда
特価品
FOR
купац
顧客
млечни производи
乳製品
воће
果物
колица за куповину
ショッピング· カート


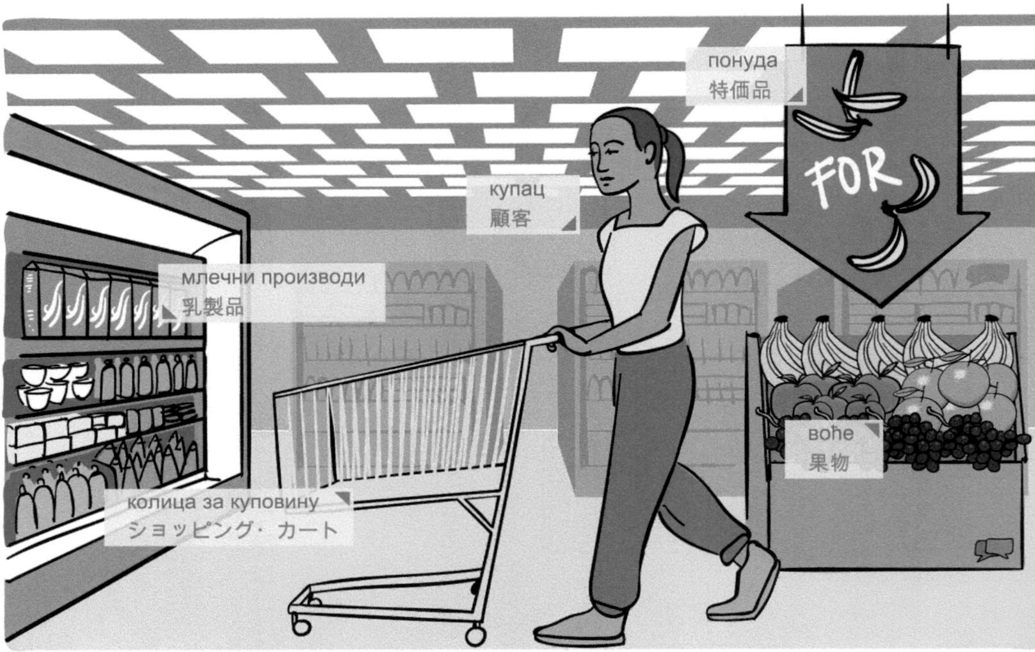

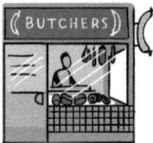

BUTCHERS


месница

肉屋

BAKERY


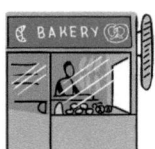

пекара

パン屋

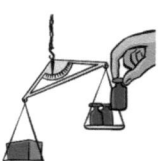

вагати

重さをはかる

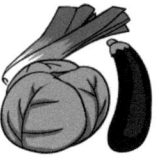

поврће

野菜

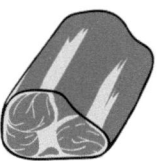

месо

肉

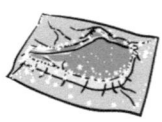

смрзнута храна

冷凍食品

нарезак

冷肉の薄切り

конзерве

缶詰食品

средство за прање

洗剤

слаткиши

菓子

артикли за домаћинство

家庭用品

средства за чишћење

清掃用品

продавачица

販売員

благајна

現金箱

благајник

レジ係

листа за куповину

買い物リスト

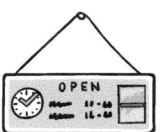

време рада

開館時刻

новчаник

財布

кредитна картица

クレジットカード

торба

バッグ

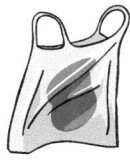

пластична кеса

ポリ袋

вода

水

сок

ジュース

млеко

牛乳

кола

コーラ

вино

ワイン

пиво

ビール

алкохол

アルコール

какао

ココア

чај

紅茶

кава

コーヒー

еспресо

エスプレッソ

капућино

カプチーノ

банана

バナナ

jабука

リンゴ

наранџа

オレンジ

лубеница

メロン

лимун

レモン

шаргарепа

ニンジン

бели лук

ニンニク

бамбус

竹

лук

玉ねぎ

гљива

キノコ

орашасти плодови

ナッツ

резанци

ヌードル

шпагете

スパゲッティ

рижа

米

салата

サラダ

помфрит

フライドポテト

печени крумпир

フライドポテト

пица

ピザ

хамбургер

ハンバーガー

сендвич

サンドウィッチ

шницла

カツレツ

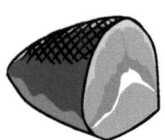

шунка

ハム

салама

サラミ

кобасица

ソーセージ

кокош

鶏肉

печење

焼き

риба

魚

зобене пахуљице

麦のお粥

мусли

ムーズリ

кукурузне пахуљице

コーンフレーク

брашно

小麦粉

кроасан

クロワッサン

пециво

ロールパン

хлеб

パン

тоаст

トースト

кекси

ビスケット

маслац

バター

свежи сир

カッテージチーズ

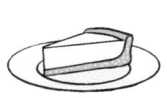

колач

ケーキ

jaje

卵

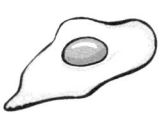

jaje на око

目玉焼き

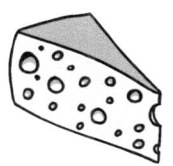

сир

チーズ

сладолед

アイスクリーム

шећер

砂糖

мед

はちみつ

мармелада

ジャム

нугат крема

ヌガークリーム

кари

カレー

jeло - 食べ物

# сеоско газдинство

## 農場

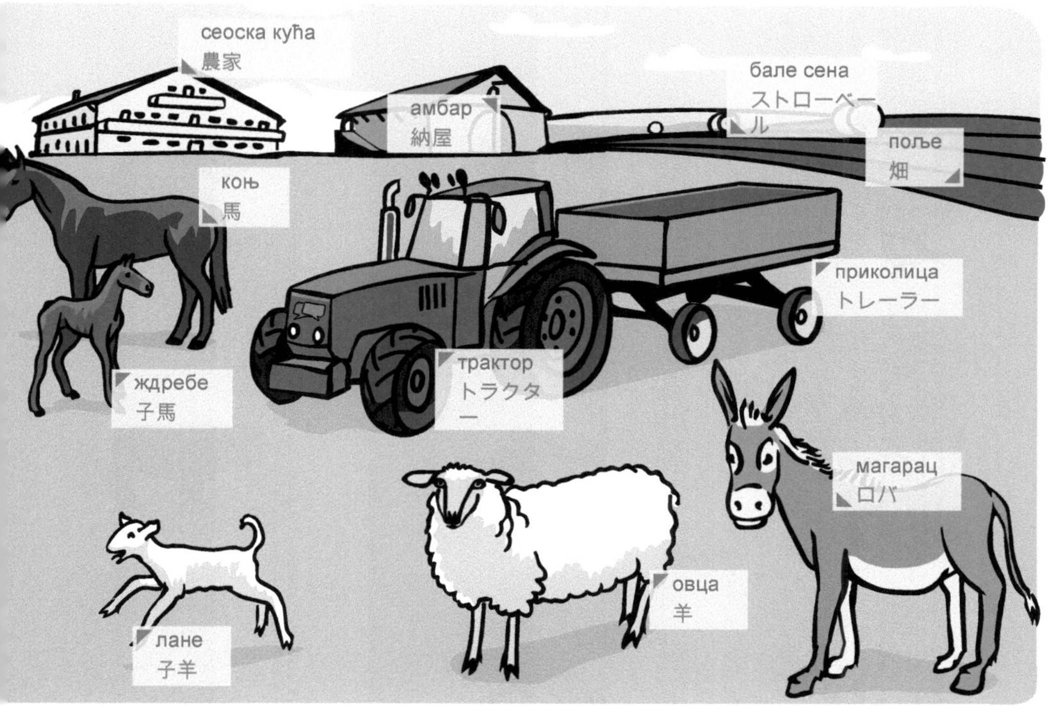

сеоска кућа
農家
амбар
納屋
бале сена
ストローベール
поље
畑
коњ
馬
приколица
トレーラー
трактор
トラクター
ждребе
子馬
магарац
ロバ
овца
羊
лане
子羊


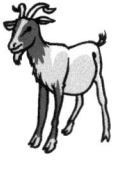

коза

ヤギ

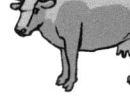

крава

雌牛

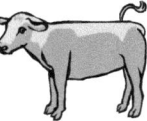

теле

子牛

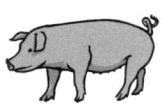

свиња

豚

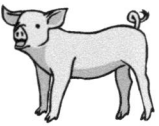

прасе

子豚

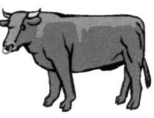

бик

雄牛

гуска
ガチョウ

патка
アヒル

пилићи
ひよこ

кокош
にわとり

петао
おんどり

пацов
ネズミ

мачка
猫

миш
ねずみ

вол
雄牛

пас
犬

кућица за пса
犬小屋

вртно црево
散水ホース

канта за поливање
じょうろ

коса
大鎌

плуг
すき

срп

草刈り鎌

мотика

くわ

виљушка за ђубриво

堆肥用フォーク

секира

斧

тачке

手押し車

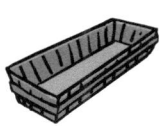

корито

かいばおけ

посуда за млеко

牛乳缶

врећа

袋

ограда

フェンス

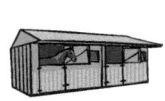

штала

畜舎

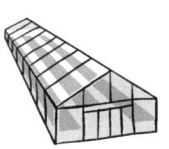

стакленик

温室

земља

土壌

семе

種

ђубриво

肥料

комбајн

コンバイン

жети
収穫する

жетва
収穫

jамс зачин
ヤマイモ

пшеница
小麦

соja
大豆

крумпир
じゃがいも

кукуруз
トウモロコシ

уљана репица
菜種

воћка
果樹

гомољ маниоке
キャッサバ

житарице
穀物

# кућа
## 家

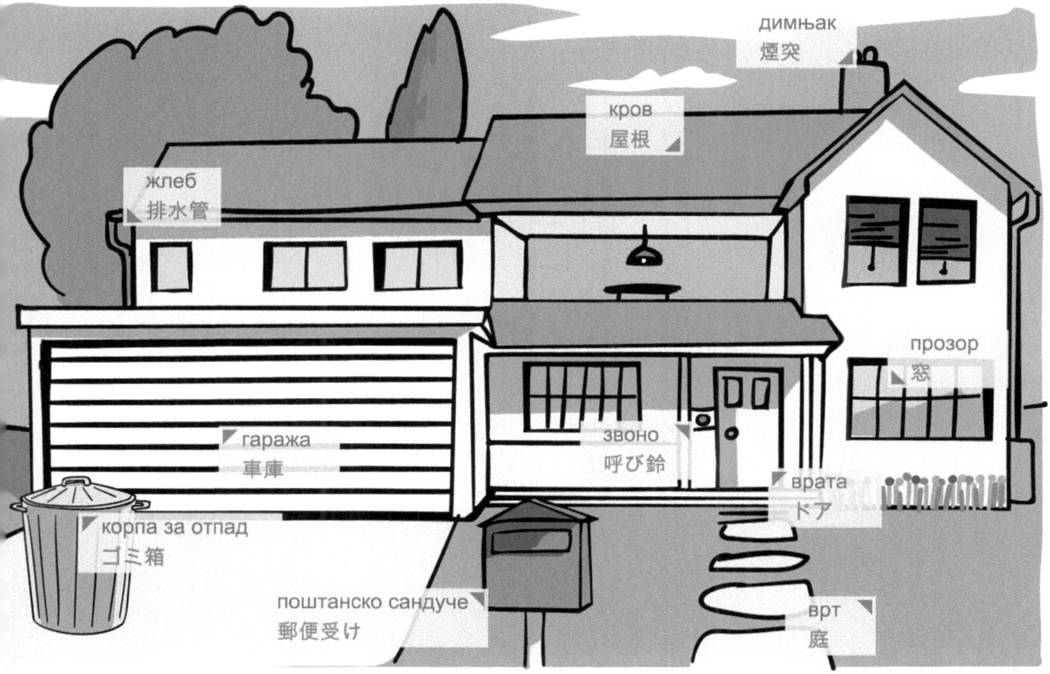
димњак
煙突
кров
屋根
жлеб
排水管
прозор
窓
звоно
呼び鈴
гаража
車庫
врата
ドア
корпа за отпад
ゴミ箱
поштанско сандуче
郵便受け
врт
庭

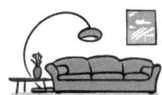

дневна соба

リビングルーム

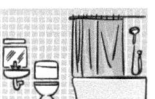

купаоница

浴室

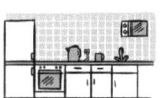

кухиња

台所

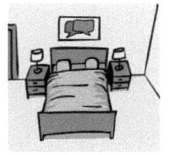

спаваћа соба

寝室

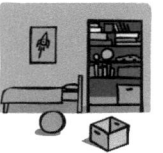

дечија соба

子供部屋

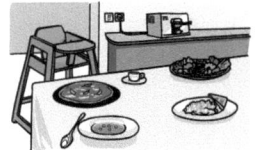

трпезарија

ダイニング・ルーム

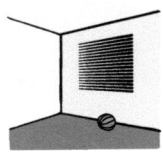

под
床

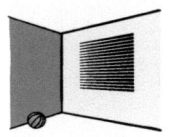

зид
壁

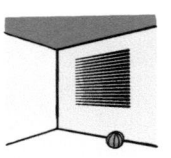

строп
天井

подрум
地下貯蔵庫

сауна
サウナ

балкон
バルコニー

тераса
テラス

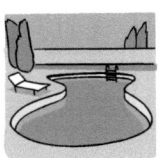

базен
プール

косилица за траву
芝刈り機

постељина за кревет
シーツ

дека за кревет
ベッドカバー

кревет
ベッド

метла
ほうき

канта
バケツ

прекидач
スイッチ

# дневна соба

## リビングルーム

тапета
壁紙
слика
絵
светиљка
ランプ
регал
棚
ормар
食器棚
телевизија
テレビ
камин
暖炉
цвет
花
јастук
クッション
кауч
ソファ
ваза
花瓶
даљински управљач
リモコン

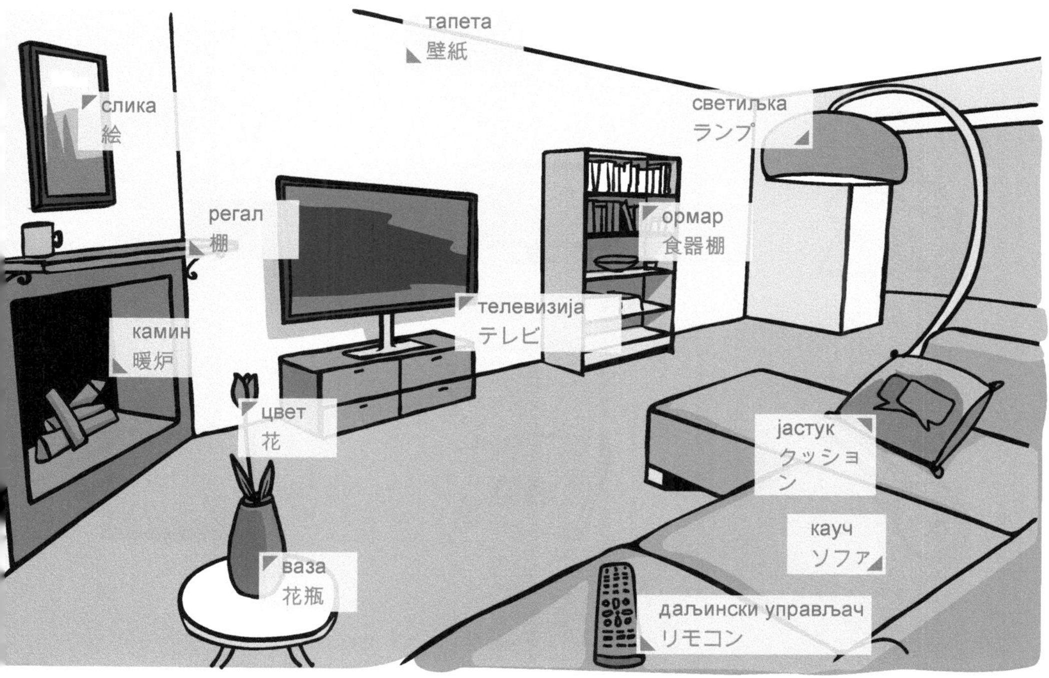

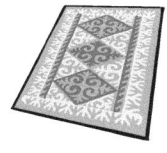

тепих

カーペット

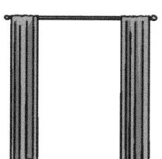

завеса

カーテン

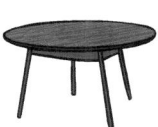

сто

テーブル

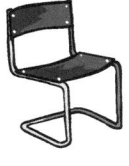

столица

椅子

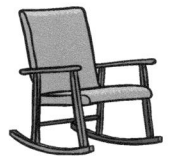

столица за њихање

ロッキングチェア

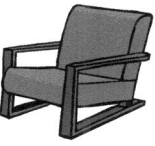

фотеља

ひじ掛け椅子

књига

本

дека

毛布

декорација

飾り

дрво за огрев

たきぎ

филм

映画

хи-фи уређај

ステレオ

кључ

鍵

новине

新聞

слика на платну

絵画

постер

ポスター

радио

ラジオ

блок за писање

メモ帳

усисивач

掃除機

кактус

サボテン

свећа

ろうそく

# кухиња
# 台所

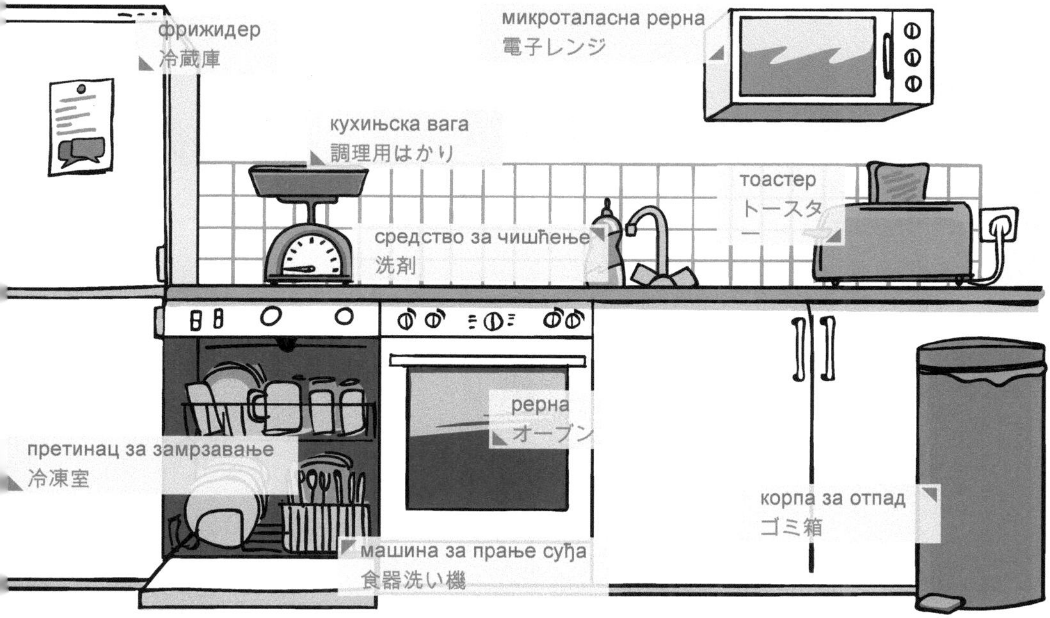
фрижидер
冷蔵庫
микроталасна рерна
電子レンジ
кухињска вага
調理用はかり
тоастер
トースター
средство за чишћење
洗剤
рерна
オーブン
претинац за замрзавање
冷凍室
корпа за отпад
ゴミ箱
машина за прање суђа
食器洗い機

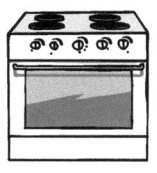

шпорет

こんろ

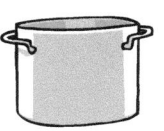

лонац

鍋

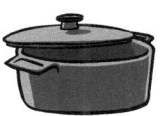

гвоздени лонац

鉄鍋

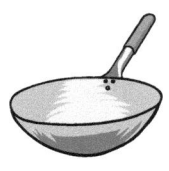

вок / кадаи

中華鍋/ カダイ鍋

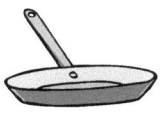

тава

フライパン

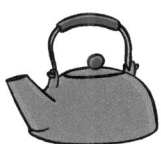

кувало за воду

やかん

кувало на пару

蒸し器

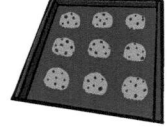

лим за печење

天板

посуђе

食器

чаша

マグカップ

посуда

ボウル

штапићи за јело

箸

кутлача

おたま

лопатица

へら

пењача

泡立て器

сито за кување

こし器

сито

ふるい

рибеж

すりおろし器

мужар

すり鉢

роштиљ

バーベキュー

огњиште

かまど

даска

まな板

оклагија

麺棒

вадичеп

栓抜き

конзерва

缶

отварач конзерви

缶切り

крпа за лонац

鍋つかみ

судопер

流し

четка

ブラシ

сунђер

スポンジ

миксер

ミキサー

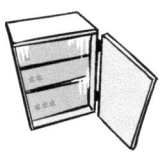

замрзивач

冷凍庫

флашица за бебе

哺乳瓶

славина за воду

蛇口

# купаоница

## 浴室

грејање
ヒーター
пешкир
タオル
туш
シャワー
завеса за туш
シャワーカーテン
пенушава купка
泡風呂
када
浴槽
чаша
グラス
машина за прање веша
洗濯機
славина за воду
蛇口
плочице
タイル
тута
おまる
судопер
流し


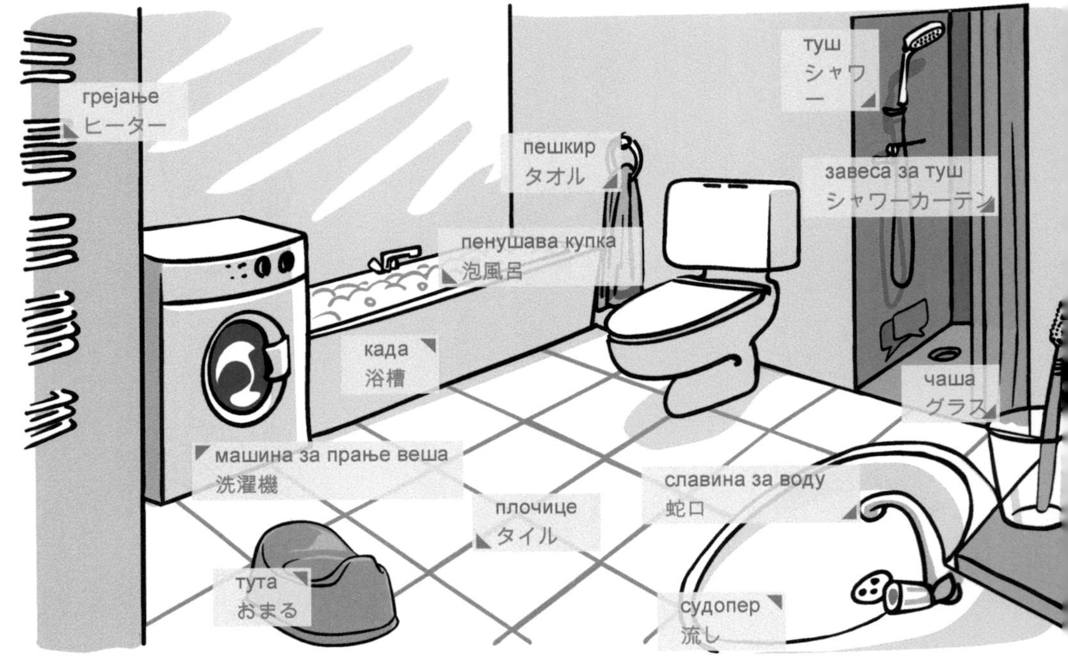

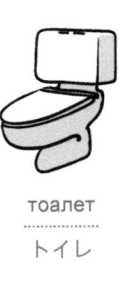

тоалет

トイレ

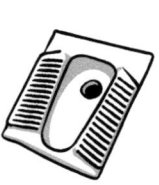

чучавац

和式トイレ

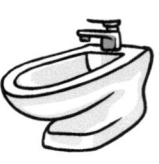

бидет

ビデ

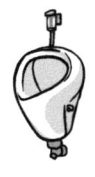

писоар

小便器

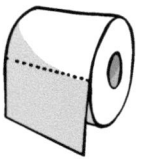

тоалетни папир

トイレットペーパー

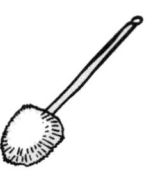

четка за тоалет

トイレブラシ

четкица за зубе

歯ブラシ

паста за зубе

歯みがき

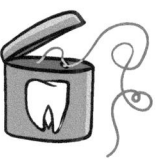

конац за зубе

デンタルフロス

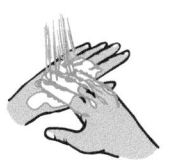

прати

洗う

туш ручица

シャワーヘッド

туш за прање интимних делова

ハンドビデ

лавор

洗面台

четка за прање леђа

ボディブラシ

сапун

石鹸

гел за туширање

シャワー用ジェル

шампон

シャンプー

крпа за прање

浴用タオル

одвод

排水口

крема

クリーム

дезодоранс

消臭

купаоница - 浴室

огледало

鏡

козметичко огледало

手鏡

бријач

かみそり

пена за бријање

シェービング・フォーム

лосион за после бријања

アフターシェーブローショ
ン

чешаљ

櫛

четка

ブラシ

фен за косу

ドライヤー

спреј за косу

ヘアスプレー

шминка

化粧

руж за усне

口紅

лак за нокте

マニキュア

вата

脱脂綿

маказе за нокте

爪切り

парфем

香水

козметичка торбица

洗面用具入れ

столица

スツール

вага

体重計

огртач

バスローブ

рукавице за чишћење

ゴム手袋

тампон

タンポン

уложак

生理用ナプキン

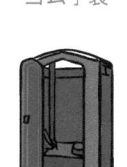

хемијски тоалет

ケミカルトイレ

# дечија соба

## 子供部屋

будилник
目覚まし時計
плишана играчка
ぬいぐるみ
ауто играчка
おもちゃの自動車
звечка
がらがら
кућица за лутке
ドール・ハウス
поклон
プレゼント

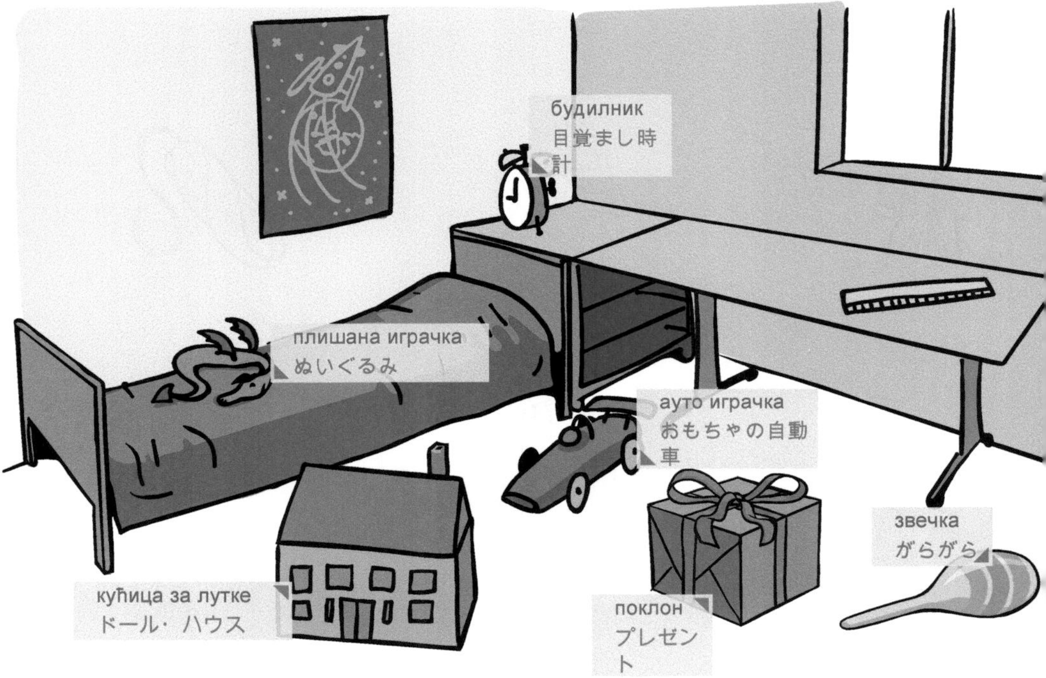

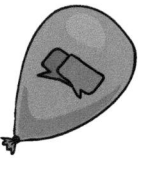

балон

風船

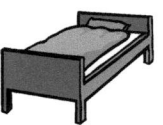

кревет

ベッド

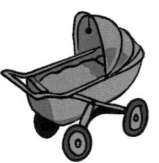

дјечија колица

ベビーカー

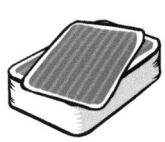

игра са картама

カードゲーム

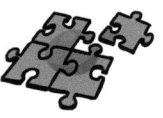

слагалица

ジグソーパズル

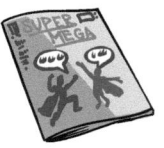

стрип

漫画

лего коцкице
......................
レゴ

коцкице за слагање
......................
玩具ブロック

акциони јунак
......................
アクションフィギュア

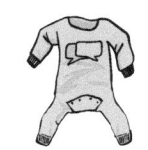

бенкица за бебе
......................
ロンパース

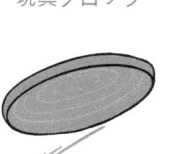

фризби
......................
フリスビー

висеће играчке
......................
モバイル

друштвене игре
......................
ボードゲーム

коцка
......................
さいころ

минијатурна жељезница
......................
鉄道模型

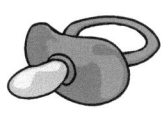

дуда
......................
おしゃぶり

забава
......................
パーティー

сликовница
......................
絵本

лопта
......................
ボール

лутка
......................
人形

играти
......................
遊ぶ

пешчаник

砂場

љуљачка

ブランコ

играчка

おもちゃ

конзола за игре

ゲーム機

трицикл

三輪車

теди

テディベア

ормар

衣装ダンス

## одећа

## 衣服

кратке чарапе

靴下

чарапе

ストッキング

хулахопке

タイツ

шал
スカーフ

кишобран
雨傘

мајица
Tシャツ

каиш
ベルト

чизме
ブーツ

папуче
スリッパ

патике
スニーカー

сандале
サンダル

ципеле
靴

гумене чизме
ゴム長靴

гаћице
パンツ

грудњак
ブラ

поткошуља
ベスト

боди
ボディースーツ

панталоне
ズボン

фармерке
ジーンズ

сукња
スカート

блуза
ブラウス

кошуља
シャツ

џемпер
セーター

џемпер с капуљачом
パーカー

сако
ブレザー

јакна
ジャケット

мантил
コート

кабаница
レインコート

костим
服装

хаљина
ドレス

венчаница
ウェディングドレス

одело

スーツ

спаваћица

ナイトガウン

пиџама

パジャマ

сари

サリー

марама за главу

ヘッドスカーフ

турбан

ターバン

бурка

ブルカ

кафтан

カフタン

абаја

アバヤ

купаћи костим

水着

купаће гаћице

トランクス

кратке панталоне

半ズボン

одећа за тренинг

スウェットスーツ

кецеља

エプロン

рукавице

手袋

дугме

ボタン

наочаре

メガネ

наруквица

ブレスレット

огрлица

ネックレス

прстен

指輪

наушница

イヤリング

капа

帽子

вешалица

ハンガー

шешир

帽子

кравата

ネクタイ

патент затварач

ファスナー

кацига

ヘルメット

нараменице

サスペンダー

школска униформа

制服

униформа

ユニフォーム

подбрадак
よだれかけ

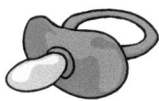

дуда
おしゃぶり

пелена
おむつ

# канцеларија
# オフィス

сервер
サーバ

ормар за списе
書類キャビネット

штампач
プリンタ
ー

монитор
モニター

папир
紙

писаћи стол
事務机

миш
マウス

мапа
フォルダ
ー

тастатура
キーボード

кошара за папир
ごみ箱

компјутер
コンピュータ
ー

столица
椅子

шалица за каву
コーヒーマグ

калкулатор
計算機

интернет
インターネット

лаптоп

ラップトップ

писмо

手紙

порука

メッセージ

мобилни телефон

携帯電話

мрежа

ネットワーク

уређај за копирање

コピー機

софтвер

ソフトウェア

телефон

電話

утичница

コンセント

факс

ファックス

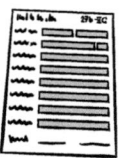

формулар

フォーム

документ

書類

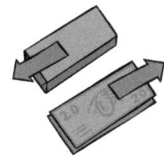

куповати

買う

платити

支払う

трговати

取引する

новац

お金

долар

ドル

евро

ユーロ

јен

円

рубља

ルーブル

швајцарски франак

スイスフラン

ренминдби јуан

人民元

рупија

ルピー

аутомат за новац

キャッシュポイント

мењачница

両替所

злато

金

сребро

銀

нафта

油

енергија

エネルギー

цена

価格

уговор

契約

порез

税金

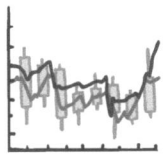

деонице

株

радити

働く

службеник

従業員

послодавац

雇用主

фабрика

工場

продавница

ショップ

# занимања

# 職業

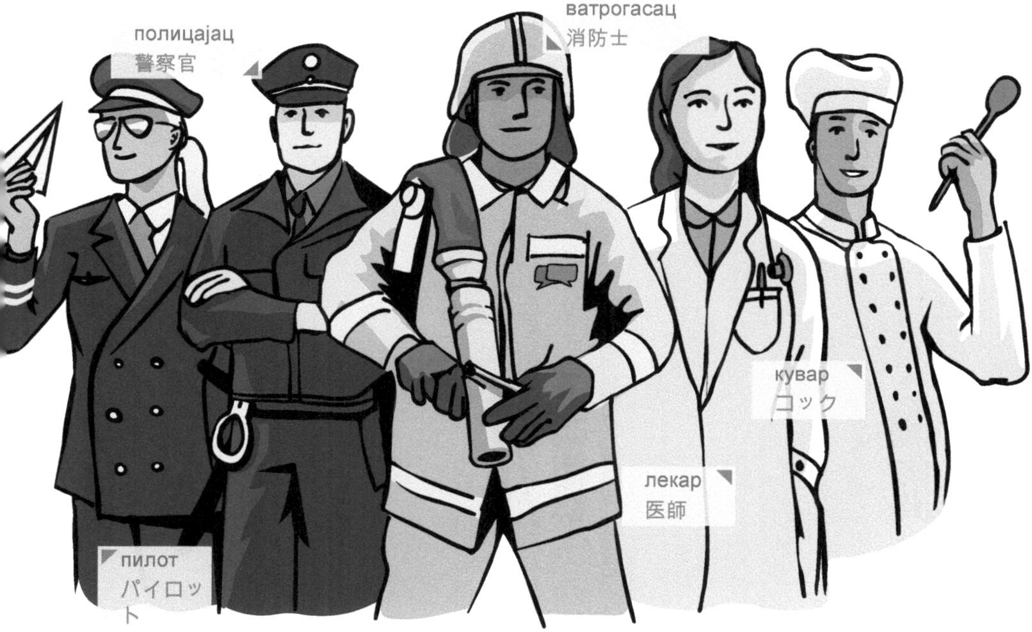
полицајац
警察官
ватрогасац
消防士
кувар
コック
лекар
医師
пилот
パイロット

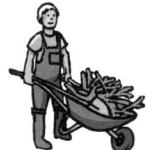

вртлар

庭師

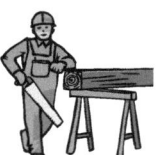

столар

大工

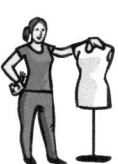

кројачица

お針子

судија

裁判官

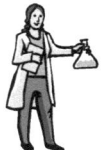

хемичар

化学者

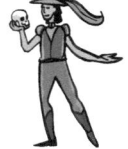

глумац

俳優

возач аутобуса

バスの運転手

возач таксија

タクシー運転手

рибар

漁師

чистачица

掃除婦

кровопокривач

屋根ふき職人

конобар

ウェイター

ловац

ハンター

сликар

塗装工

пекар

パン屋

електричар

電気工

грађевински радник

建設作業員

инжењер

エンジニア

месар

肉屋

лимар

配管工

поштар

郵便配達人

војник

軍人

архитекта

建築家

благајник

レジ係

цвећар

花屋

фризер

美容師

кондуктер

車掌

механичар

機械工

капетан

キャプテン

зубар

歯科医

научник

科学者

раби

ラビ

имам

イスラム導師

монах

修道士

свећеник

牧師

# алати
## 道具

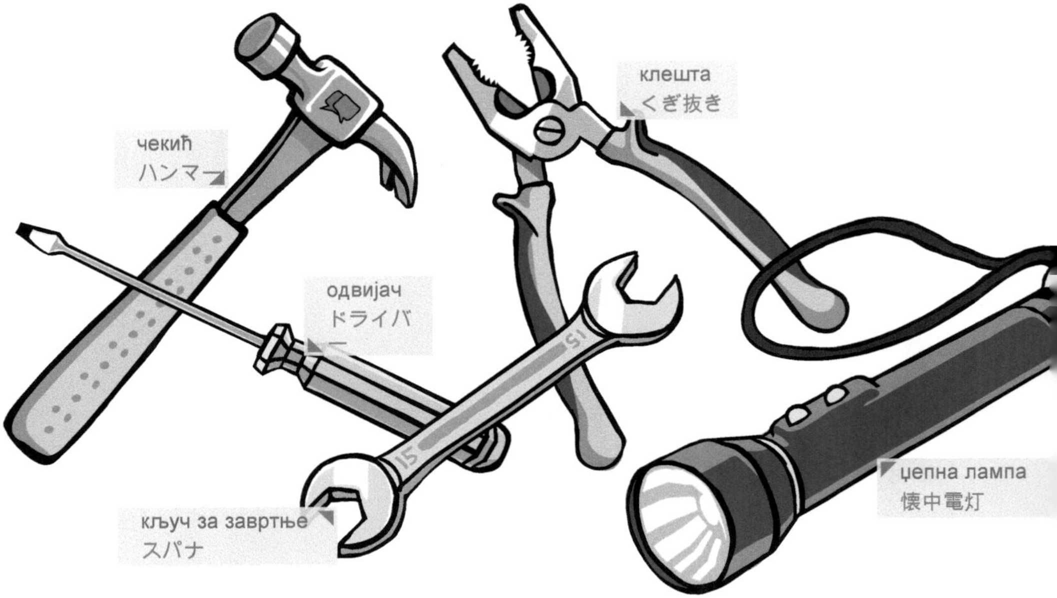
клешта
くぎ抜き
чекић
ハンマー
одвијач
ドライバー
кључ за завртње
スパナ
џепна лампа
懐中電灯

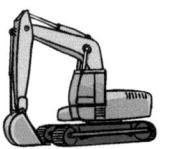

багер
掘削機

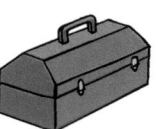

кутија за алат
道具箱

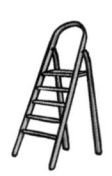

мердевине
はしご

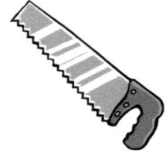

пила
のこぎり

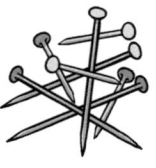

ексер
釘

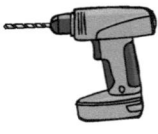

бушилица
ドリル

поправити
修理する

лопата
シャベル

до ђавола!
クソ！

лопатица
ちりとり

лонац за боју
ペンキ缶

завртањи
ネジ

# музички инструмент
# 楽器

бубњеви
打楽器 ◢

звучник
スピーカー

▸контрабас
コントラバス

труба
トランペット

гитара
ギター ◢

клавир

ピアノ

виолина

バイオリン

бас

バス

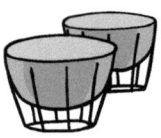

тимпани

ティンパニ

удараљке за бубњеве

ドラム

типке клавира

キーボード

саксофон

サックス

флаута

フルート

микрофон

マイクロフォン

музички инструмент － 楽器

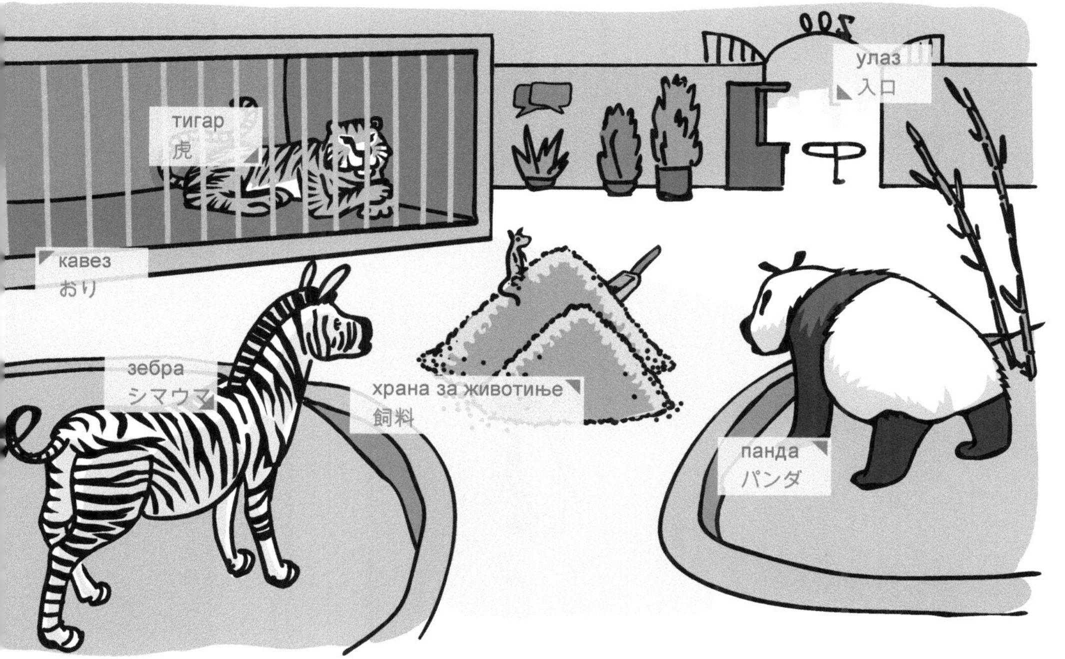

улаз
入口

тигар
虎

кавез
おり

зебра
シマウマ

храна за животиње
飼料

панда
パンダ

животиње

動物

слон

象

кенгур

カンガルー

носорог

サイ

горила

ゴリラ

медвед

熊

камила

ラクダ

нoj

ダチョウ

лав

ライオン

мajмун

猿

фламинго

フラミンゴ

папагaj

オウム

поларни медвед

白クマ

пингвин

ペンギン

аjкула

サメ

паун

クジャク

змиja

蛇

крокодил

ワニ

чувар у зоолошком врту

飼育係

туљан

アザラシ

jaгуар

ジャガー

пони

ポニー

леопард

ヒョウ

нилски коњ

カバ

жирафа

キリン

орао

鷲

дивља свиња

雄豚

риба

魚

корњача

亀

морж

セイウチ

лисица

狐

газела

ガゼル

амерички ногомет
アメフト

бициклизам
サイクリング

тенис
テニス

кошарка
バスケット
ボール

пливање
水泳

хокеј на леду
アイスホッケー

бокс
ボクシン
グ

фудбал
サッカー

бадминтон
バドミントン

атлетика
陸上競技

рукомет
ハンドボール

скијање
スキー

поло
ポロ

скочити
跳ぶ

смејати се
笑う

загрлити
抱きしめる

певати
歌う

ићи
歩く

сањати
夢見る

молити се
祈る

пољубити
キス

писати

書く

цртати

描く

показати

示す

гурати

押す

дати

与える

узети

取る

имати

持っている

чинити

する

бити

ある

стојати

立つ

трчати

走る

повлачити

引く

бацити

投げる

падати

落ちる

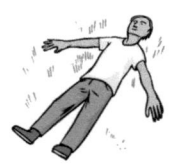

лежати

横たわっている

чекати

待つ

носити

運ぶ

седити

座る

облачити

着る

спавати

眠る

пробудити се

目が覚める

гледати

見る

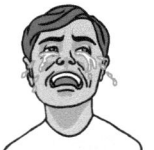

плакати

泣く

миловати

なでる

чешљати

櫛ですく

говорити

話す

разумети

理解する

питати

質問する

слушати

聞く

пити

飲む

јести

食べる

поспремити

片づける

волети

愛する

кухати

料理する

возити

運転する

летети

飛ぶ

пловити

ヨットに乗る

рачунати

計算する

читати

読む

учити

学ぶ

радити

働く

венчати се

結婚する

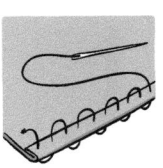

шити

縫う

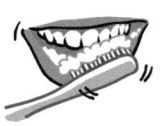

прати зубе

歯を磨く

убити

殺す

пушити

喫煙する

послати

送る

# породица
# 家族

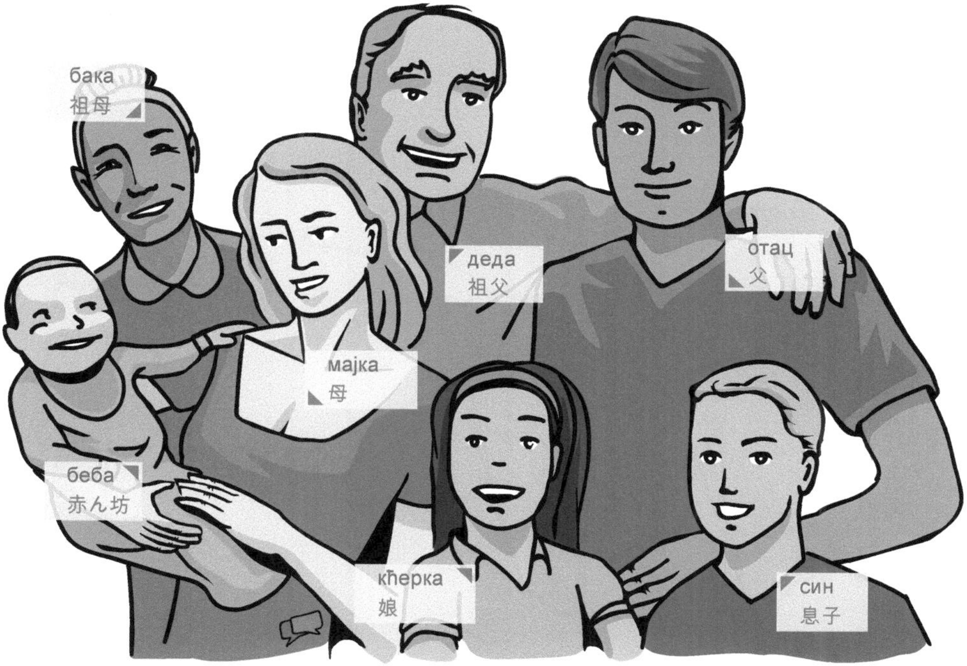
бака
祖母
деда
祖父
отац
父
мајка
母
беба
赤ん坊
кћерка
娘
син
息子

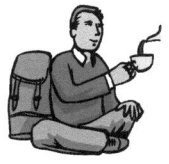

гост
お客様

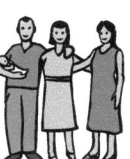

тетка
おば

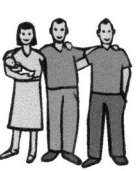

ујак, стриц
おじ

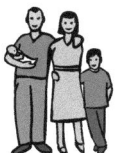

брат
兄弟

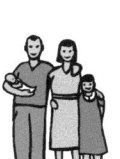

сестра
姉妹

# тело

## 体

чело
ひたい
око
目
лице
顔
брада
あご
груди
胸
прст
指
рука
手
рука
腕
раме
肩
нога
脚


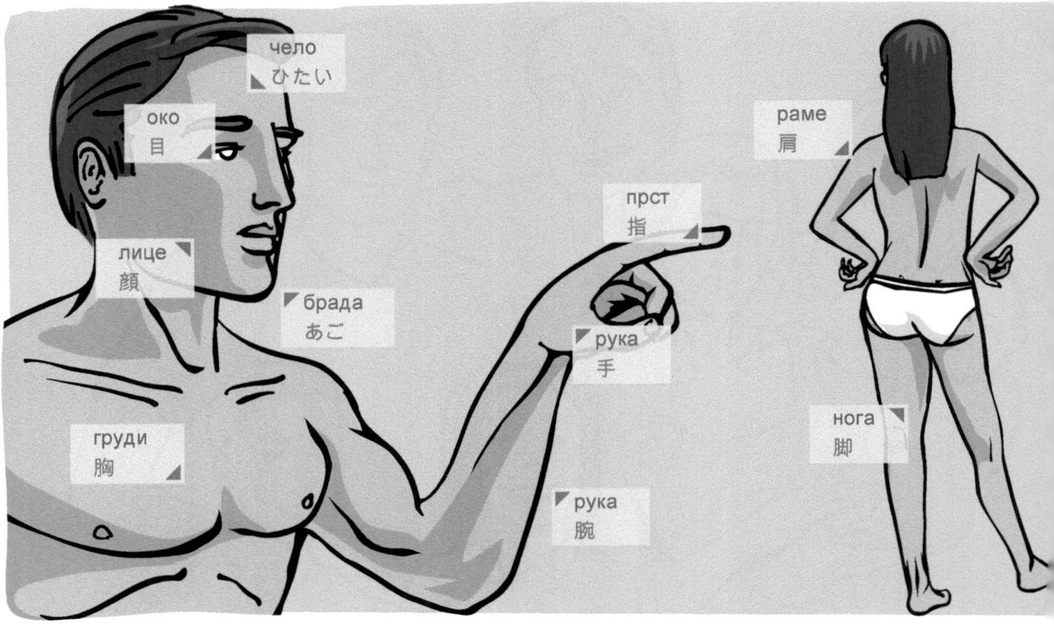

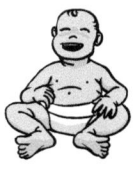

беба

赤ん坊

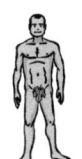

мушкарац

男性

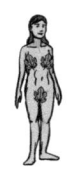

жена

女性

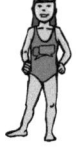

девојчица

少女

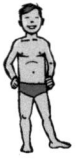

дечак

少年

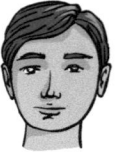

глава

頭

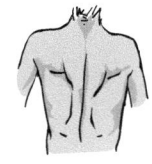

леђа

背中

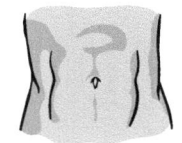

стомак

腹

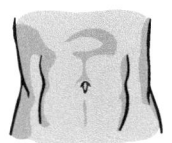

пупак

へそ

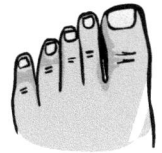

ножни прст

足指

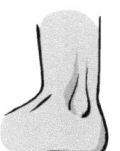

пета

かかと

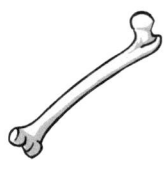

кост

骨

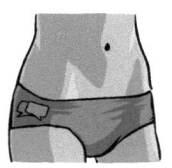

кукови

腰

колено

ひざ

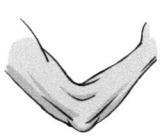

лакат

ひじ

нос

鼻

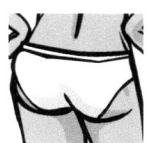

задњица

尻

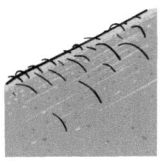

кожа

皮膚

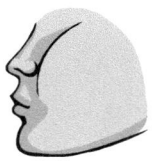

образ

頬

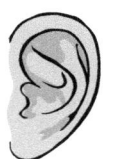

уво

耳

усна

唇

тело - 体

уста
........
口

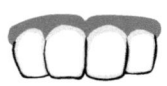

зуб
........
歯

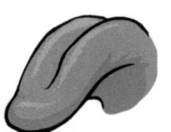

језик
........
舌

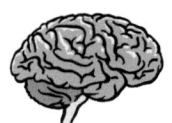

мозак
........
脳

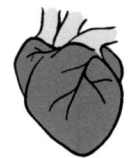

срце
........
心臓

мишић
........
筋肉

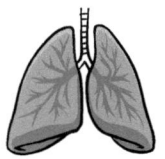

плућа
........
肺

јетра
........
肝臓

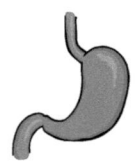

желудац
........
胃

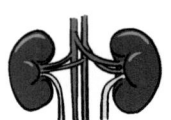

бубрези
........
腎臓

полни однос
........
セックス

кондом
........
コンドーム

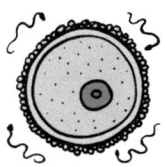

јајна ћелија
........
卵細胞

сперма
........
精液

трудноћа
........
妊娠

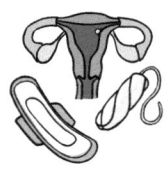

менструација
........................
月経

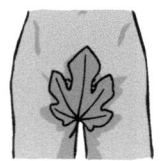

вагина
........................
膣

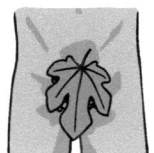

пенис
........................
ペニス

обрва
........................
眉

коса
........................
髪

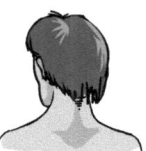

врат
........................
首

# болница

## 病院

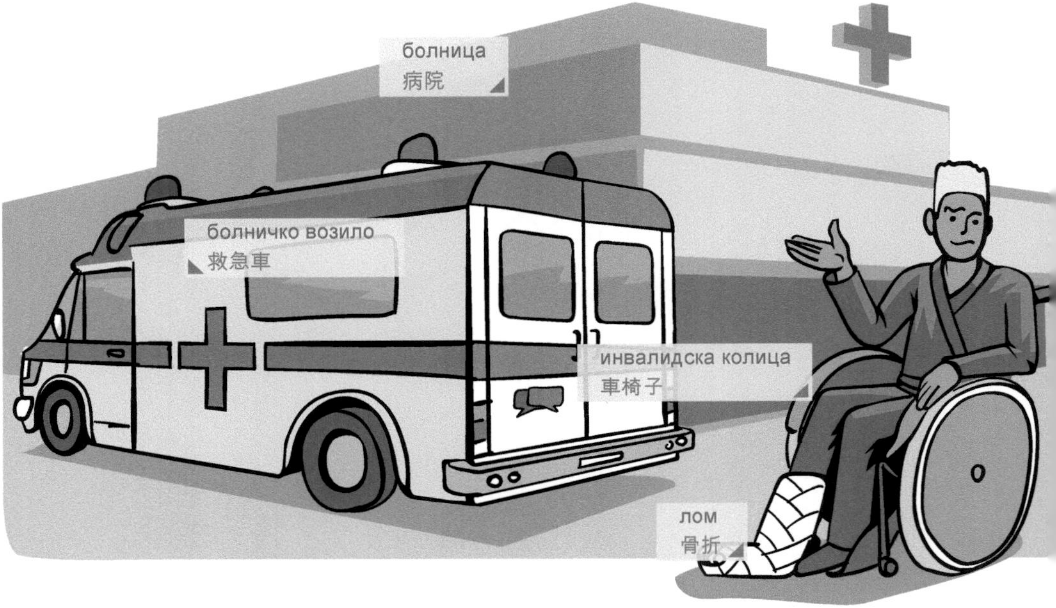

болница
病院
болничко возило
救急車
инвалидска колица
車椅子
лом
骨折


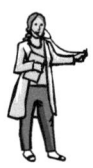

лекар

医師

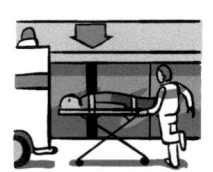

хитна медицинска служба

救急治療室

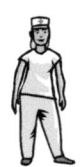

медицинска сестра

看護師

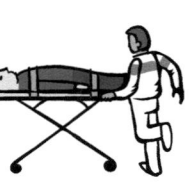

хитни случај

救急

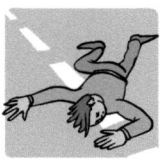

несвест

失神

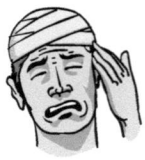

бол

痛み

повреда

けが

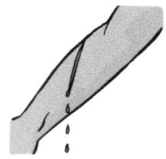

крварење

出血

срчани удар

心臓発作

удар

脳卒中

алергија

アレルギー

кашаљ

咳

грозница

熱

грипа

インフルエンザ

пролив

下痢

главобоља

頭痛

рак

癌

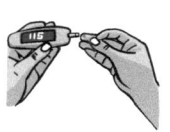

дијабетес

糖尿病

хирург

外科医

скалпел

外科用メス

операција

手術

болница - 病院

цт

CT

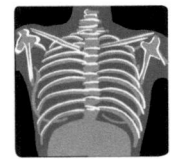

рентген

レントゲン

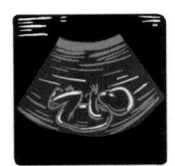

ултразвук

超音波

маска

マスク

болест

病気

чекаона

待合室

штака

松葉づえ

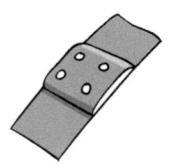

фластер

ばんそうこう

завоj

包帯

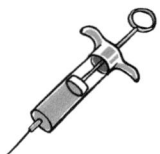

ињекциjа

注射

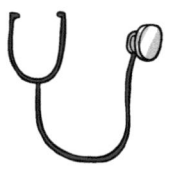

стетоскоп

聴診器

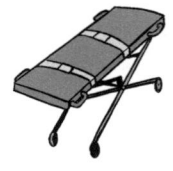

носила

担架

термометар

体温計

рођење

出産

прекомерна тежина

肥満

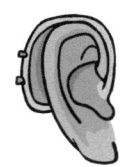

слушни апарат

補聴器

средство за дезинфекцију

消毒剤

инфекција

感染

вирус

ウイルス

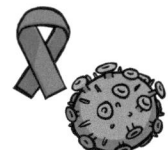

хив / аидс

HIV / エイズ

медицина

内服薬

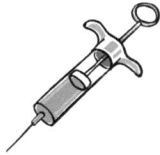

вакцинација

予防接種

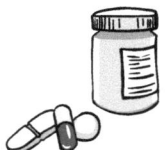

таблете

錠剤

пилула

ピル

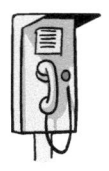

хитни позив

緊急電話

уређај за мерење притиска

血圧計

болесно / здраво

病気の　/　健康な

помоћ!
助けて！

аларм
アラーム

насртај
暴行

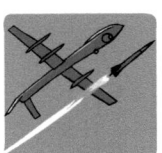

напад
攻撃

опасност
危険

излаз у случају нужде
非常口

пожар!
火事だ！

противпожарни апарат
消火器

незгода
事故

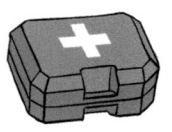

кутија прве помоћи
救急箱

сос
SOS

полиција
警察

Европа

ヨーロッパ

Северна Америка

北米

Јужна Америка

南米

Африка

アフリカ

Азија

アジア

Аустралија

オーストラリア

Атлантик

大西洋

Пацифик

太平洋

Индијски океан

インド洋

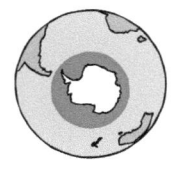

Антарктички океан

南極海

Арктички океан

北極海

Северни рол

北極

Јужни рол

南極

Антарктик

南極大陸

земља

地球

земља

陸

море

海

оток

島

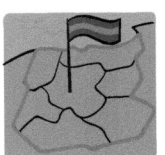

нација

国家

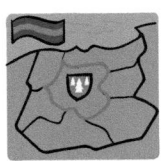

држава

国家

бројчаник сата

文字盤

сатна казаљка

短針

минутна казаљка

長針

секундна казаљка

秒針

Колико је сати?

何時ですか？

дан

日

време

時間

сада

現在

дигитални сат

デジタル時計

минута

分

час

時間

понедељак
月曜

MO

среда
水曜

W

петак
金曜

FR

TU

уторак ▶
火曜

TH

субота
土曜

SA

SO

четвртак ▶
木曜

недеља
日曜

| јуче | данас | сутра |
|------|-------|-------|
| 昨日 | 今日 | 明日 |

| јутро | подне | вече |
|-------|-------|------|
| 朝 | 昼 | 夜 |

| радни дани | викенд |
|------------|--------|
| 営業日 | 週末 |

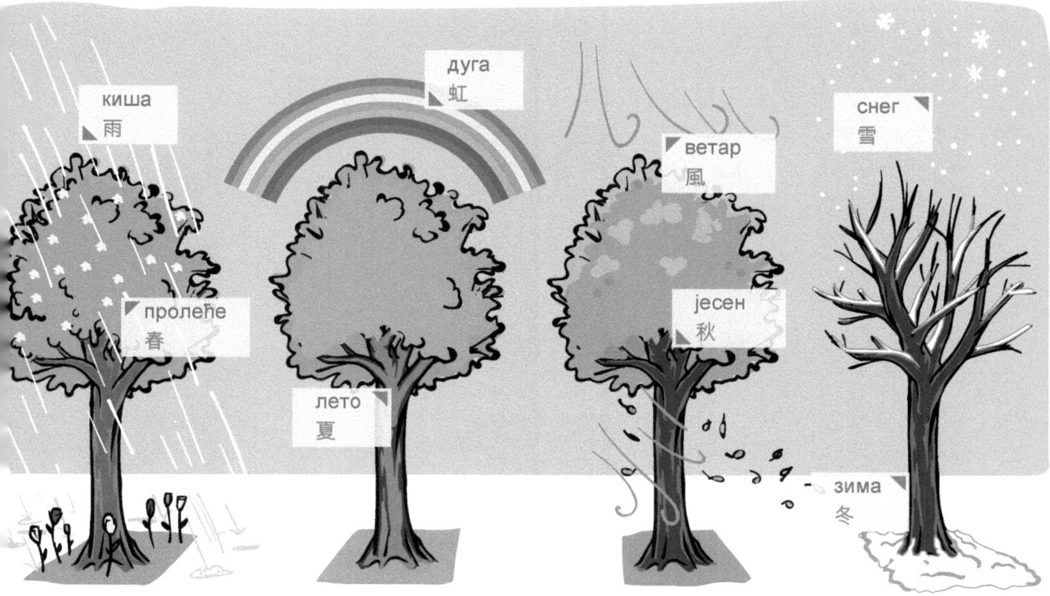

киша / 雨

дуга / 虹

снег / 雪

ветар / 風

пролеће / 春

лето / 夏

јесен / 秋

зима / 冬

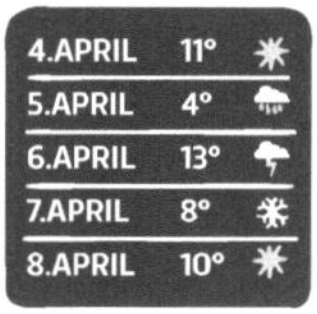

| 4.APRIL | 11° | ☀ |
| 5.APRIL | 4° | 🌧 |
| 6.APRIL | 13° | 🌧 |
| 7.APRIL | 8° | ❄ |
| 8.APRIL | 10° | ☀ |

метеоролошка прогноза

天気予報

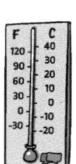

термометар

温度計

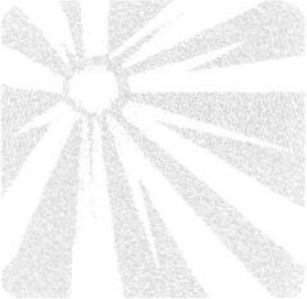

сунчана светлост

日差し

облак

雲

магла

霧

влажност ваздуха

湿度

муња

雷

грмљавина

雷

олуја

嵐

туча

ひょう

монсун

季節風

поплава

洪水

лед

氷

јануар

1月

фебруар

2月

март

3月

април

4月

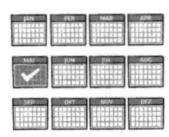

мај

5月

јуни

6月

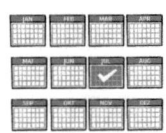

јули

7月

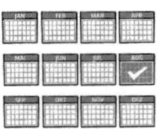

август

8月

септембар
........................
9月

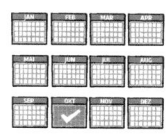

октобар
........................
10月

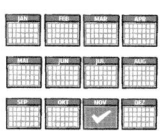

новембар
........................
11月

децембар
........................
12月

# облици
## 形

круг
........................
円

квадрат
........................
正方形

правоугао
........................
長方形

троугао
........................
三角

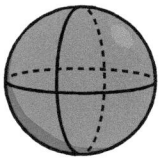

кугла
........................
球

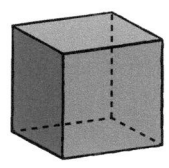

коцка
........................
立方体

бела
.................
白

жута
.................
黄

наранџаста
.................
オレンジ

ружичаста
.................
ピンク

црвена
.................
赤

љубичаста
.................
紫

плава
.................
青

зелена
.................
緑

смеђа
.................
茶

сива
.................
灰色

црна
.................
黒

много / мало

多い / 少ない

љутито / мирно

怒っている /
落ち着いている

лепо / ружно

美しい / 醜い

почетак / крај

初め / 終わり

велико / малено

大きい / 小さい

светло / тамно

明るい / 暗い

брат / сестра

兄弟 / 姉妹

чисто / прљаво

清潔な / 汚い

потпуно / непотпуно

完全な / 不完全な

дан / ноћ

日中 / 夜

мртво / живо

死んだ / 生きている

широко / уско

幅広い / 狭い

јестиво / нејестиво

食べられる /
食べられない

зло / добро

悪意のある / 親切な

узбуђено / досадно

興奮している /
退屈している

дебело / мршаво

太った / 痩せた

на почетку / на крају

最初に / 最後に

пријатељ / непријатељ

友人 / 敵

пуно / празно

いっぱいの / 空の

тврдо / мекано

硬い / 柔らかい

тешко / лагано

重い / 軽い

глад / жеђ

空腹 / 喉の渇き

болесно / здраво

病気の / 健康な

илегално / легално

違法な / 合法な

паметно / глупо

賢い / 愚かな

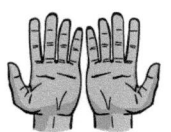

лево / десно

左に / 右に

близу / далеко

近い / 遠い

ново / половно

新しい / 中古の

ништа / нешто

何もない / 何かある

старо / младо

老いた / 若い

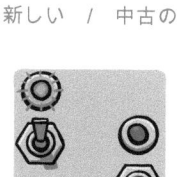

укључено / искључено

オン / オフ

отворено / затворено

開いている /
閉まっている

тихо / гласно

静かな / うるさい

богато / сиромашно

裕福な / 貧乏な

тачно / погрешно

正しい / 間違っている

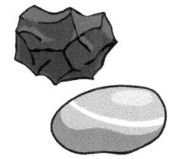

храпаво / глатко

粗い / なめらか

тужно / сретно

悲しい / 幸せな

кратко / дуго

短い / 長い

полако / брзо

ゆっくり / 速い

мокро / сухо

濡れた / 乾いた

топло / хладно

温かい / 冷たい

рат / мир

戦争 / 平和

**0**

нула

ゼロ

**1**

један

1

**2**

два

2

**3**

три

3

**4**

четири

4

**5**

пет

5

**6**

шест

6

**7**

седам

7

**8**

осам

8

**9**

девет

9

**10**

десет

10

**11**

једанаест

11

**12**

дванаест

12

**13**

тринаест

13

**14**

четрнаест

14

**15**

петнаест

15

**16**

шестнаест

16

**17**

седамнаест

17

**18**

осамнаест

18

**19**

деветнаест

19

**20**

двадесет

20

**100**

стотину

100

**1.000**

хиљаду

1000

**1.000.000**

милион

100万

енглески

英語

амерички енглески

アメリカ英語

мандарински кинески

中国標準語

хиндски

ヒンディー語

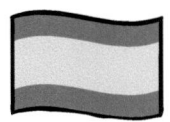

шпански

スペイン語

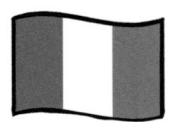

француски

フランス語

арапски

アラビア語

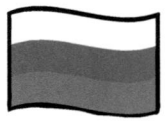

руски

ロシア語

португалски

ポルトガル語

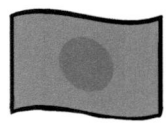

бенгалски

ベンガル語

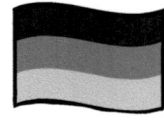

немачки

ドイツ語

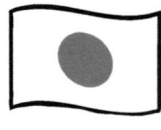

јапански

日本語

ja

私

ти

あなた

он / она / оно

彼 / 彼女 / それ

ми

私たち

ви

あなたたち

они

彼ら

Ко?

誰？

Шта?

何？

Како?

どうやって？

Где?

どこ？

Када?

いつ？

име

名前

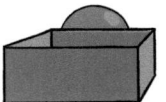

иза

後ろ

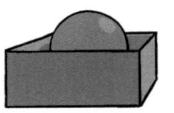

у

中

испред

前

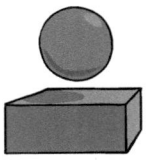

преко

上

на

上

испод

下

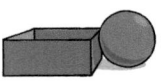

поред

横

између

間

место

場所